von Ulrike Holzwarth-Raether
und Ute Müller-Wolfangel
mit Bildern von Barbara Scholz

FISCHER Duden Kinderbuch

Aus Verantwortung für die Umwelt hat sich der Fischer Kinder- und Jugendbuch Verlag zu einer nachhaltigen Buchproduktion verpflichtet. Der bewusste Umgang mit unseren Ressourcen, der Schutz unseres Klimas und der Natur gehören zu unseren obersten Unternehmenszielen.

Gemeinsam mit unseren Partnern und Lieferanten setzen wir uns für eine klimaneutrale Buchproduktion ein, die den Erwerb von Klimazertifikaten zur Kompensation des CO2-Ausstoßes einschließt.

Weitere Informationen finden Sie unter: www.klimaneutralerverlag.de

Weitere Informationen zum Kinder- und Jugendbuchprogramm der S. Fischer Verlage finden Sie unter: www.fischerverlage.de

2. Auflage 2020

Erschienen bei FISCHER Duden Kinderbuch

Text: Ulrike Holzwarth-Raether und Ute Müller-Wolfangel
Illustration: Barbara Scholz
Gestaltungskonzept: Berit Wenkebach, München
Layout: Michelle Vollmer
Umschlaggestaltung: Maria Seidel, atelier-seidel.de

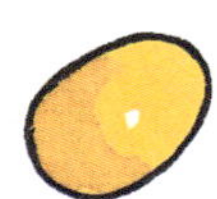

Druck und Bindung: Print Consult GmbH, München
Printed in Hungary
ISBN 978-3-7373-3454-9

INHALT

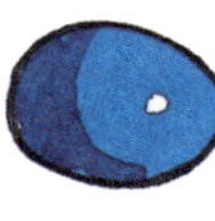

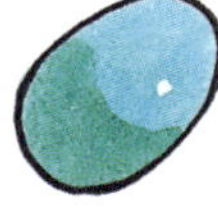

LIEBE ELTERN,
LIEBE ERZIEHERINNEN UND ERZIEHER,

A wie Ampel, B wie Banane ... Z wie Zelt – so fangen Kindergartenkinder mit dem Lesen und Schreiben an. Beim Lesen setzen sie Buchstaben in Laute um, beim Schreiben gehen sie umgekehrt vor. Sie schreiben das, was sie mit den Ohren wahrnehmen. Die erste Schreib- und Lesestrategie der Kinder ist also davon abhängig, den Zusammenhang zwischen dem Laut und dem Buchstaben zu erfassen.

Dieses Buch hat drei Teile:

Im ersten Teil werden **alle Buchstaben von A bis Z** vorgestellt. Auf der linken Seite finden sich stets einfache Wort-Bild-Zuordnungen. Dabei wurden, wo immer es möglich war, lautgetreue Wörter ausgewählt und illustriert, also Wörter, die man so schreibt, wie man sie spricht. Die jeweils rechte Seite ist immer eine „Arbeitsseite“ mit akustischen und optischen Übungen zum jeweiligen Buchstaben und Laut. Auf das Z folgen noch einige Seiten mit wichtigen Lauten wie Sch, Sp, Ei und Au.

Im zweiten Teil wird mit **einfachen Abc-Spielen** das Alphabet geübt. Wer später einmal mit einem Wörterbuch arbeiten und schnell nachschlagen will, der muss das Abc in- und auswendig können.

Der dritte Teil ist ein **kleines Wörterbuch** zum Nachschlagen. Dort sind neben den Namenwörtern des ersten Teils auch Verben, Adjektive und einige „kleine“ Wörter zusammengetragen. Fast alle Wörter in dieser Liste werden lautgetreu geschrieben. Damit hält das Kind eine Liste von Wörtern in der Hand, die ihm das erste Lesen und Schreiben sehr erleichtert.

Für alle, die sich auf die Schule freuen, ist dieses Buch ein Anreiz, sich mit dem Alphabet zu beschäftigen. Für Schulanfänger ist es eine Hilfe zum Schreiben- und Lesenlernen. Für fortgeschrittene Grundschulkinder bietet es ein erstes kleines Wörterbuch mit lautgetreuen, einfach zu schreibenden Wörtern. Damit ist es die Grundlage für die erste wichtige Rechtschreibstrategie.

Die Autorinnen

**Wer diese kleinen Zeichen kennt,
braucht keine langen Arbeitsanweisungen!**

Das ist das **Sprechzeichen.** Sprich das, was du auf den Bildern siehst, sehr deutlich aus.

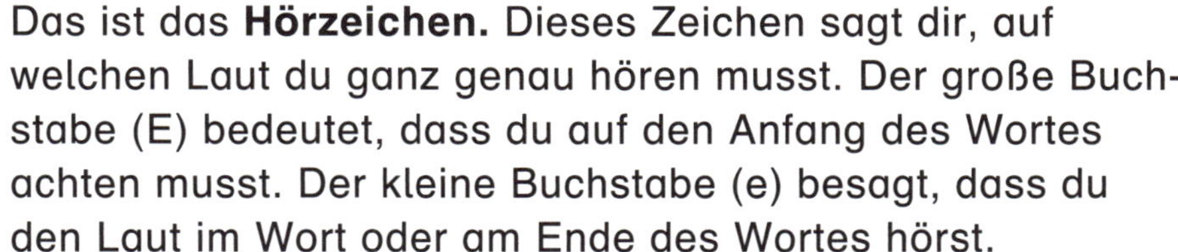

Das ist das **Hörzeichen.** Dieses Zeichen sagt dir, auf welchen Laut du ganz genau hören musst. Der große Buchstabe (E) bedeutet, dass du auf den Anfang des Wortes achten musst. Der kleine Buchstabe (e) besagt, dass du den Laut im Wort oder am Ende des Wortes hörst.

Das ist das **Sehzeichen.** Hier musst du ganz genau hinsehen und die angezeigten Buchstaben (B b) in den Buchstabenwimmelbildern suchen und markieren.

Das ist das **Zählzeichen.** Hier musst du bestimmte Gegenstände abzählen.

Das ist das **Würfelzeichen.** Für dieses Spiel brauchst du einen Würfel, Spielfiguren und einen oder mehrere Mitspieler.

Das ist das **Stiftzeichen.** Nimm einen Stift und ...

... **kreuze an, kreise ein** oder **male an,** was du für richtig hältst, oder ...

... verbinde mit einem **Strich** das, was zusammengehört.

Das ist das Zeichen für schwierige Buchstaben.
Sie haben sich ihre **Aussprache** von anderen geliehen:
das C vom K, das Qu vom K und W,
das V vom F oder W.
Sprich die Buchstaben so aus, wie es in der Sprechblase steht.

A a

Affen

Amsel

Ananas

Ampel

Anorak

Ameisen

Afrika

Aa

Wanne

Kanne

Ast

Julia

Amerika

Angler

Amsel

Lager

Abend

B b

Besen

Banane

Büffel

Bikini

Brille

Biber

Baum

B

Bb
B b B q b
b G B
B b B D B
g b b
b b q P d q

C c

Clown

Currywurst

Camping

Cabrio

Collie

Comic

Cola

Computer

Cc

D d

Delfin

Distel

Dame

Dino

Domino

Düne

Dose

Deo

Dd

D C B D H O K Q D P D T G B D O

b d q b g l h d b g q d a d b p q d

E e

Eskimo

Erfinder

Elefant

Elfmeter

Esel

Ente

Eltern

E, e

er

Lehrer

Elfmeter

Biber

Erfinder

Computer

Fenster

Container

Fernseher

F f

Fledermaus

Fabrik

Frosch

Füller

Fotograf

Fische

Flöte

F

Ff

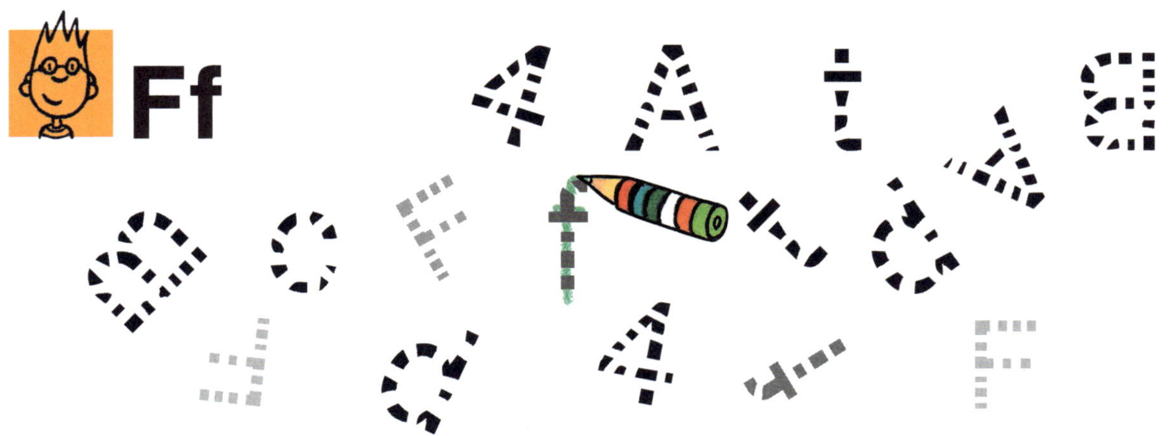

G g

Gewitter
Grille
Giraffe
Gurke
Grimassen
Girlande
Gorilla
Geige

G
Gg

H h

Hase

Haus

Hut

Hummel

Hose

Hampelmann

Hammer

Hamster

H
HOTEL

I i

Iltis

Igel

Indianer

Iglu

Imker

Insel

ICE

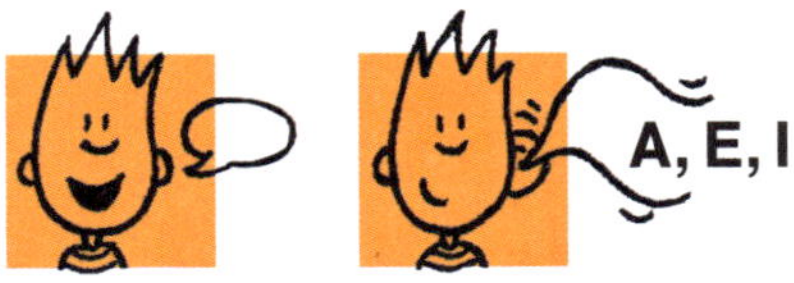
A, E, I

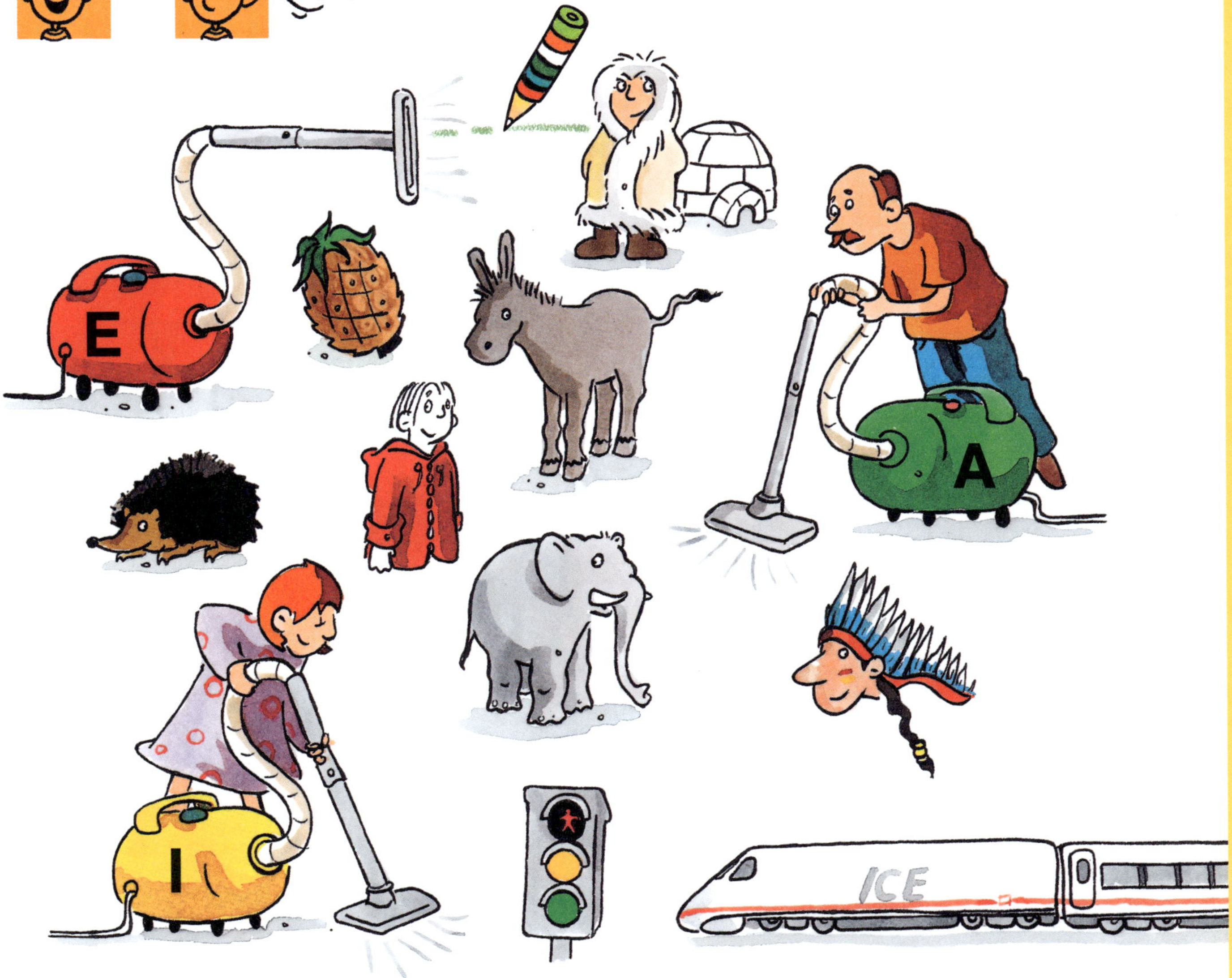
E
A
I
ICE

Ii

flLiltlüui
jüliLftjltfll

IfltiuLi
lttulljti
ülftlluia

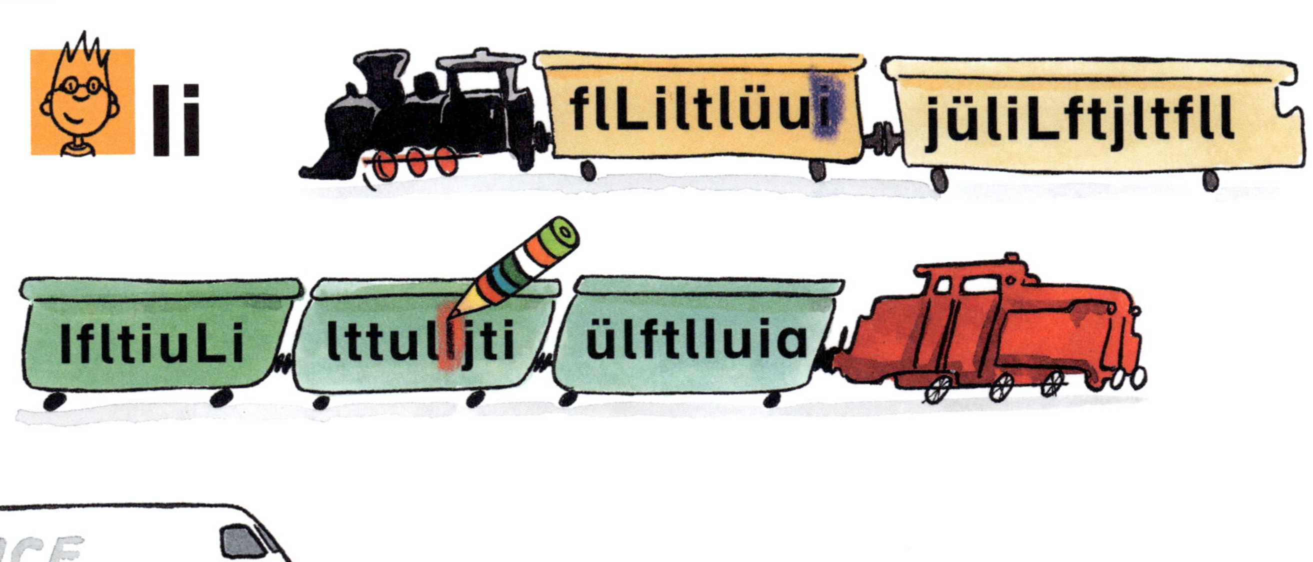

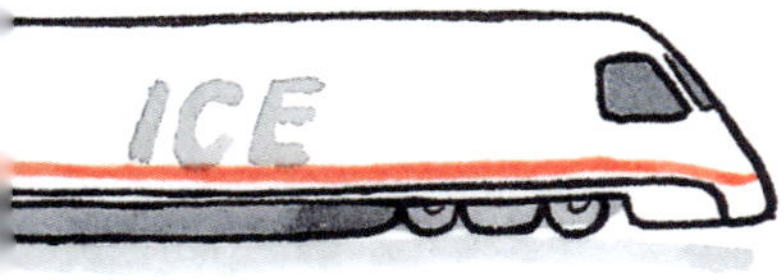
ICE

J j

Junge

Jubiläum

Jo-Jo

Judo

Juwelen

Juni

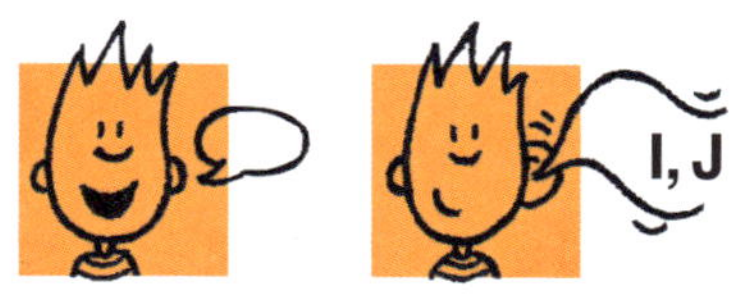

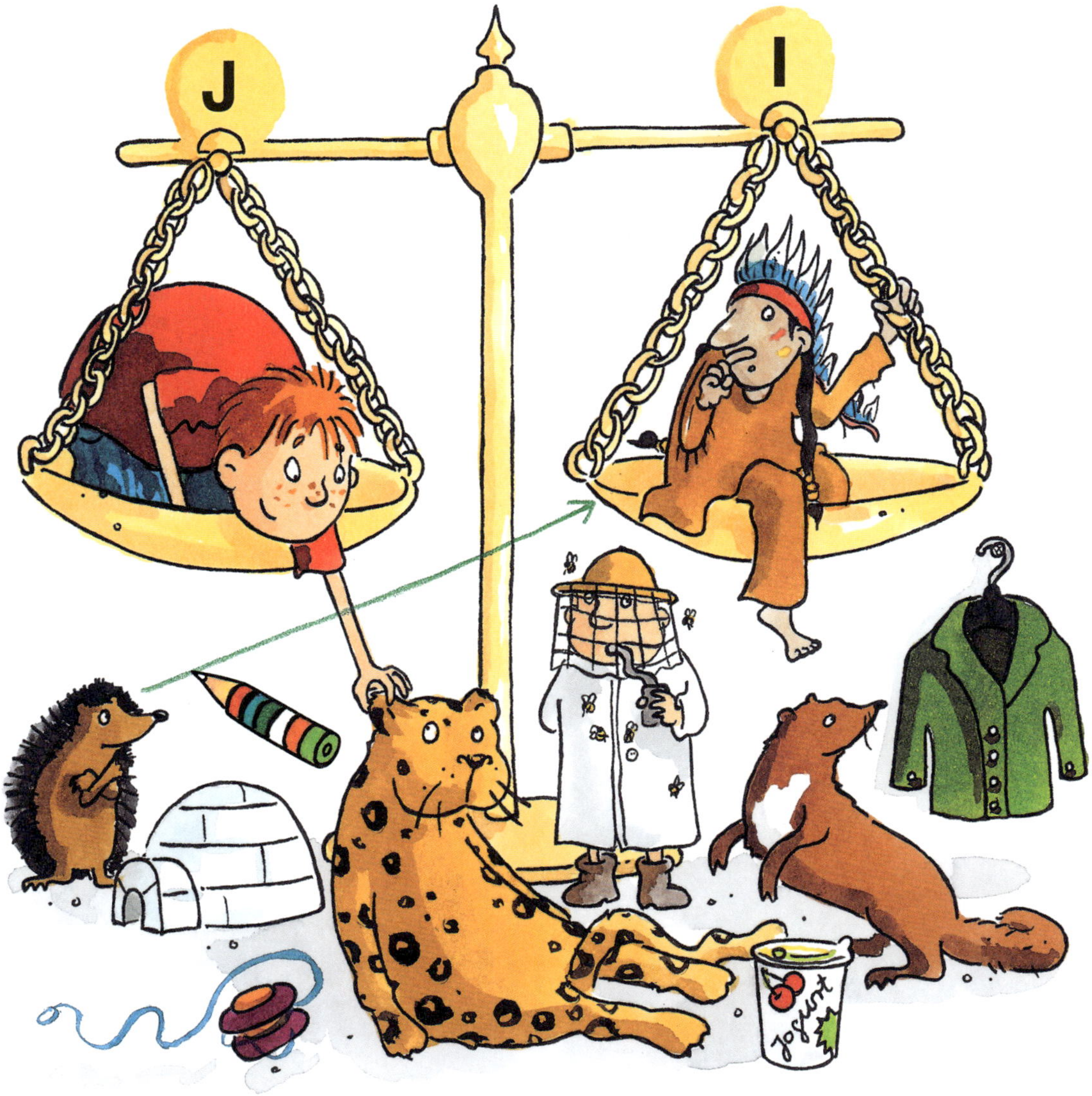

Jj

C J K i l
L j l j
t f t F I C J
j J C J A L l j

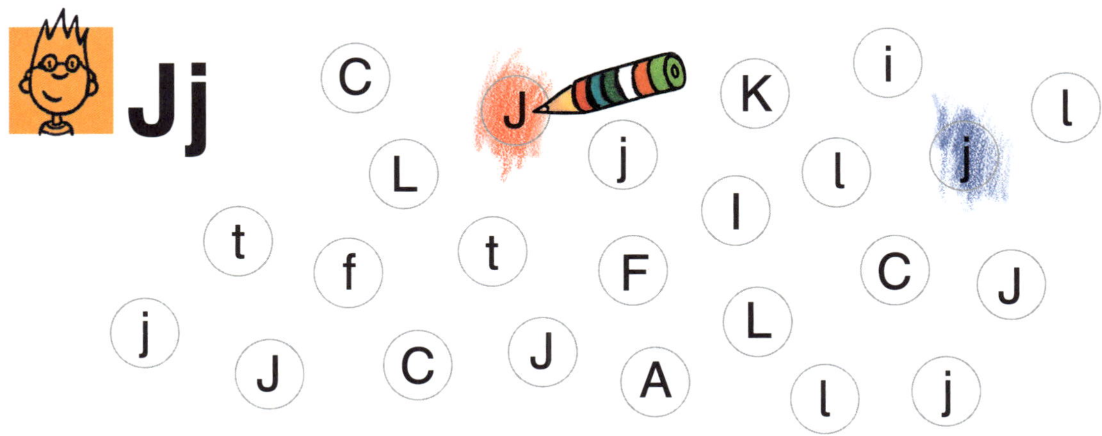

K k

Kk

Gurke

Knoblauch

Ast

Eskimo

Kaktus

Kokosnuss

Bikini

Kran

Afrika

L l

Lok

Löwe

Lupe

Laterne

Lama

Libelle

Ll

M m

Melone

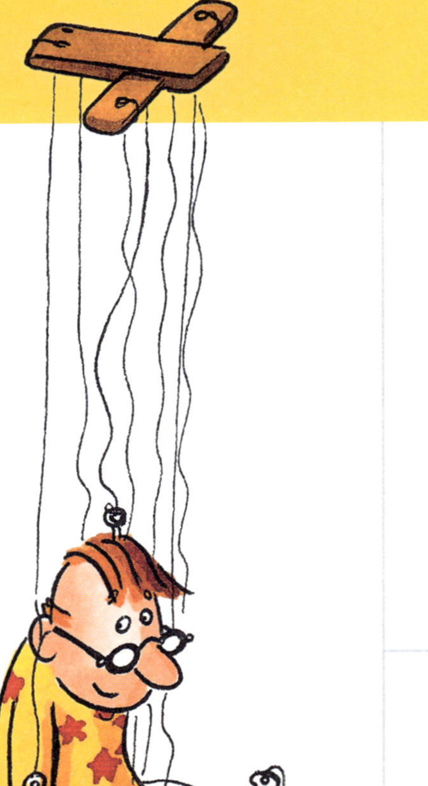

Mütze

Maske

Marionette

Muscheln

Mantel

Murmeln

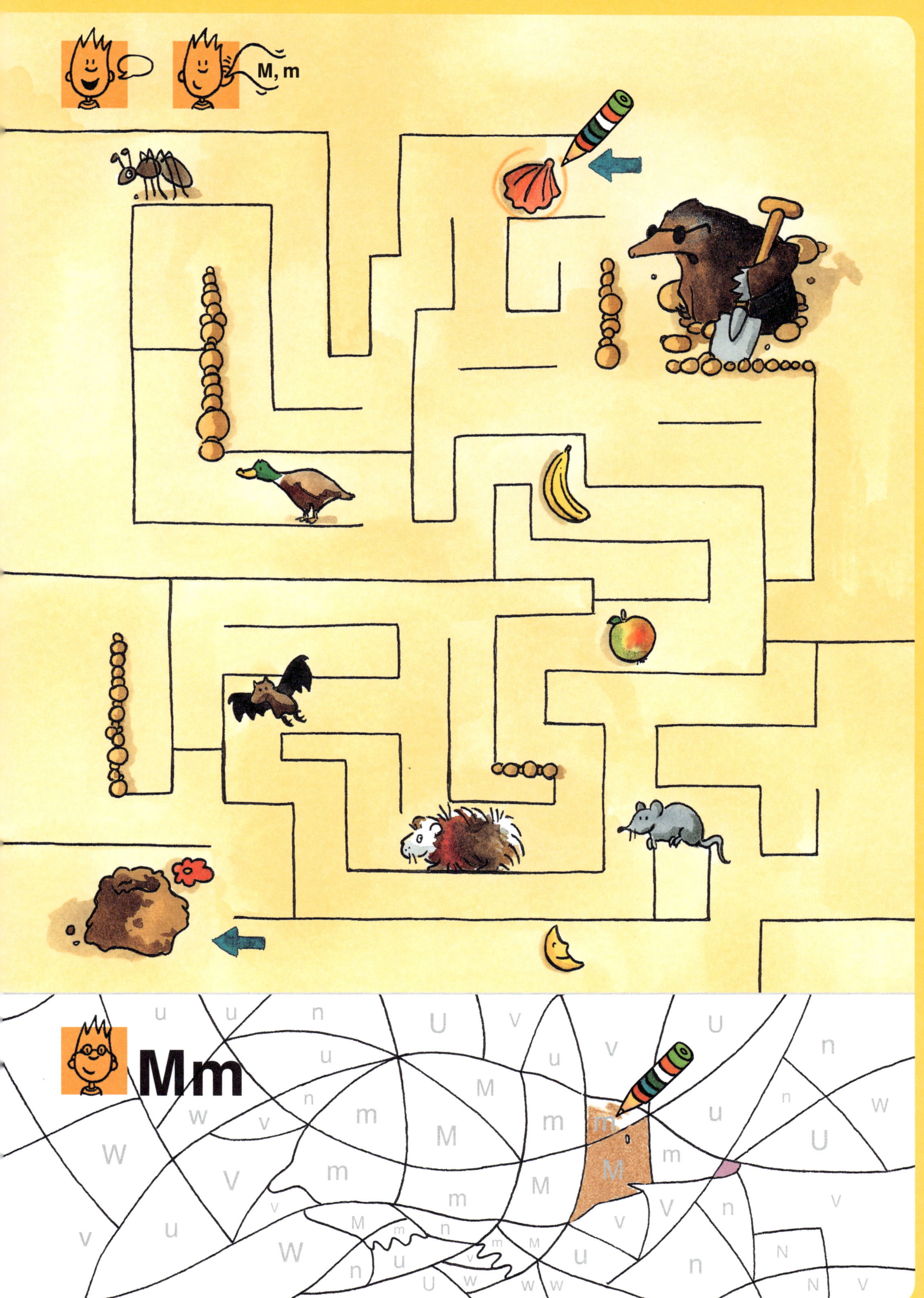
M, m
Mm

N n

Nudeln

Noten

Nest

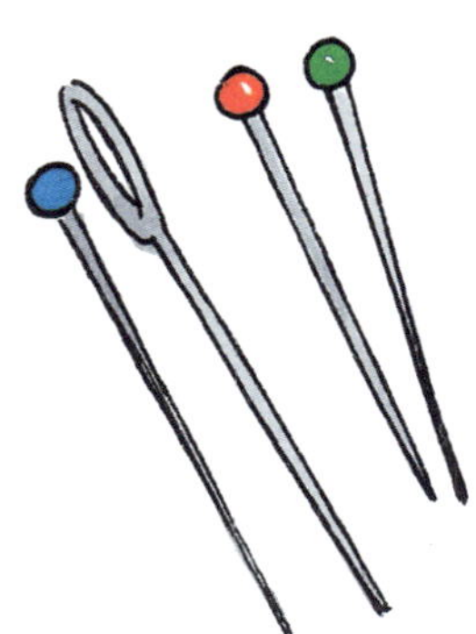
Nadeln

Nashorn

Nüsse

Nase

Nelke

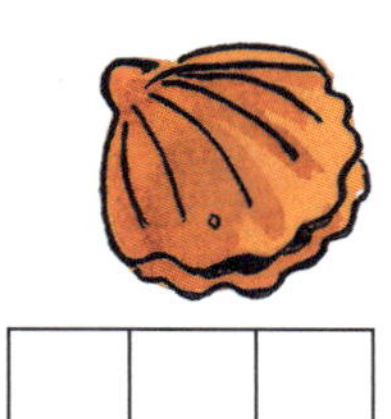

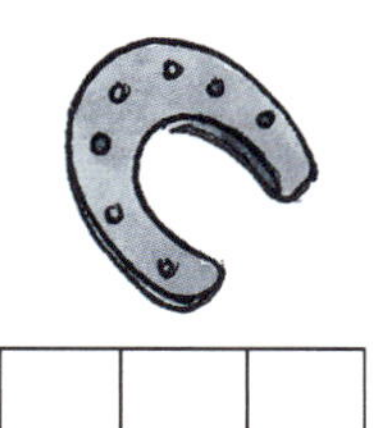

Nn

O o

	8	10	12

P p

Pudel

Paket

Pelikan

Planet

Pokal

Palme

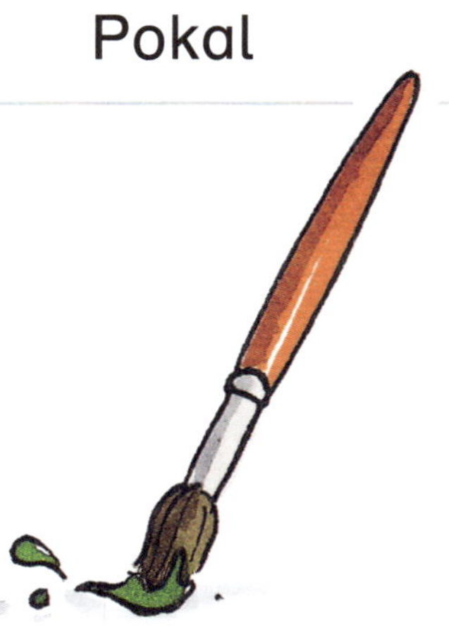

Pinsel

Pirat

Pp

P P d d B D P c p d d q p P p p q p a p d o d q p a b p d d D B

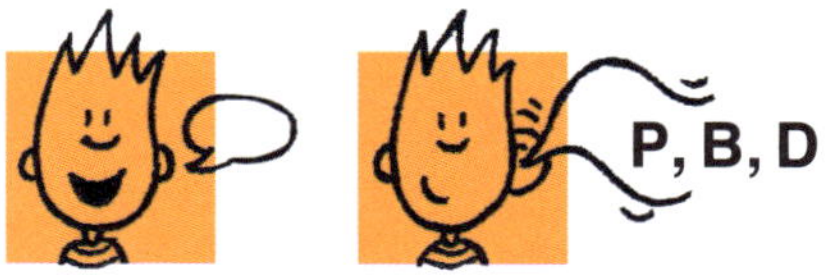

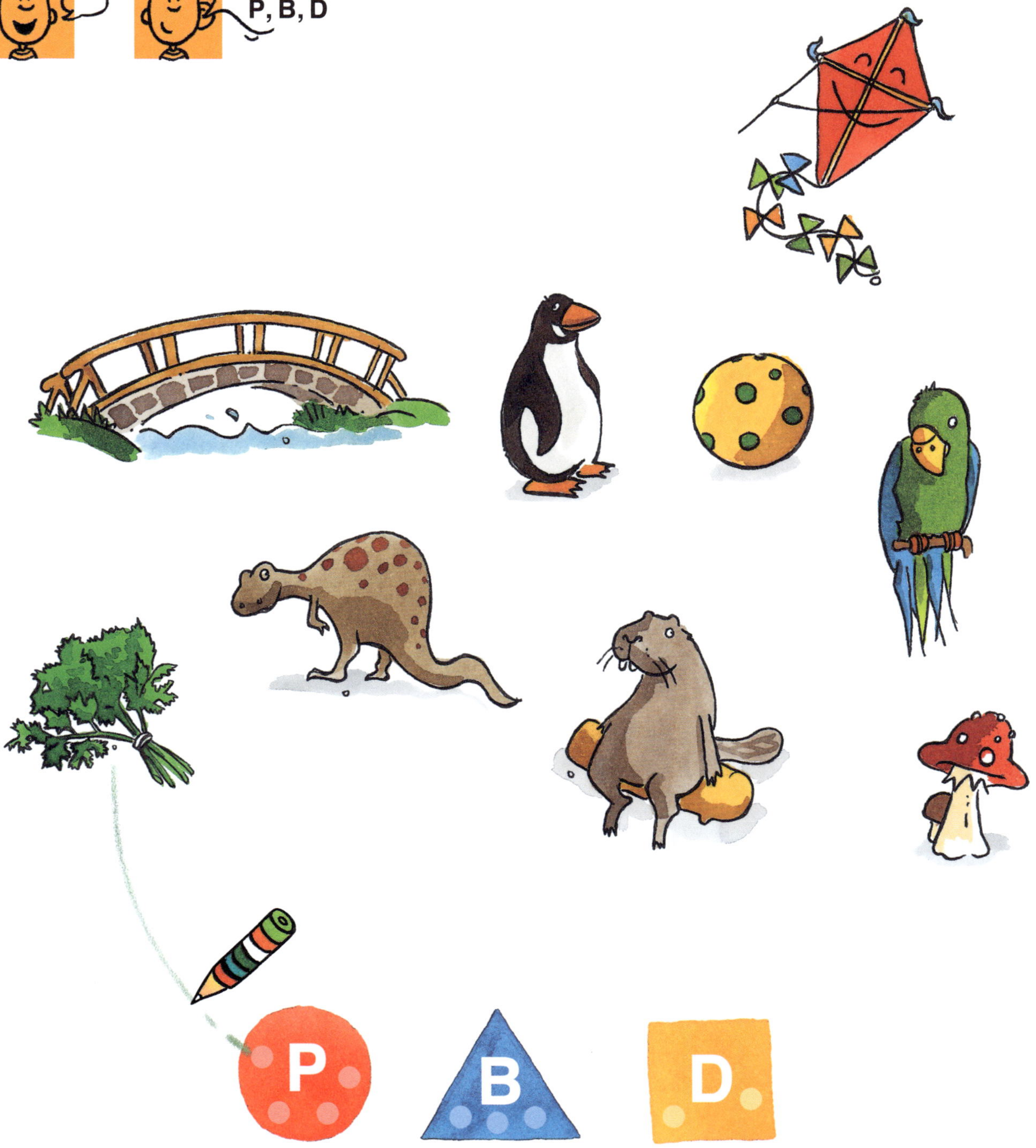

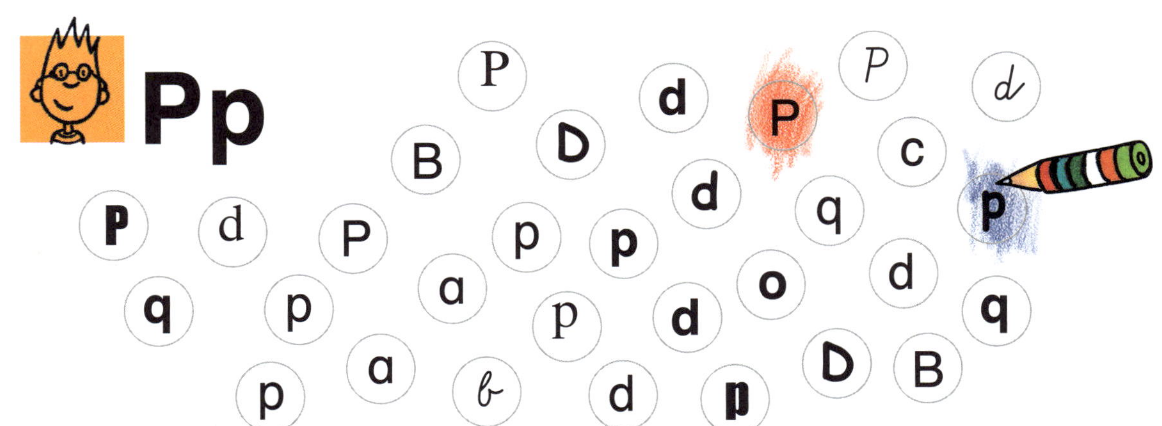

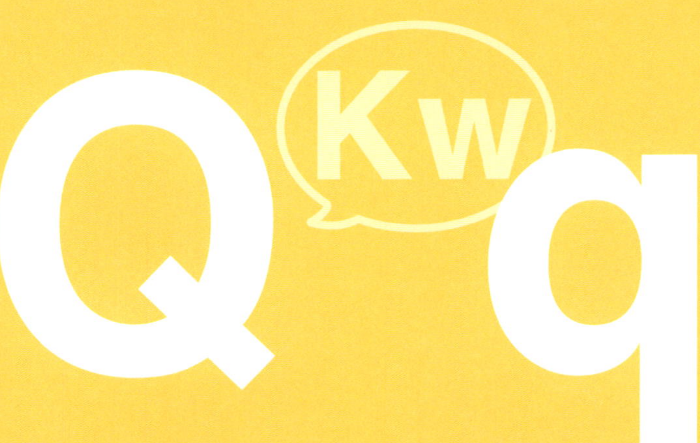

Quitte

Qualm

Qualle

Quatsch

Quelle

Quadrat

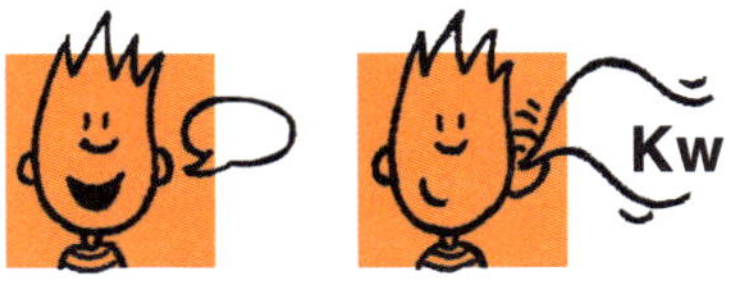

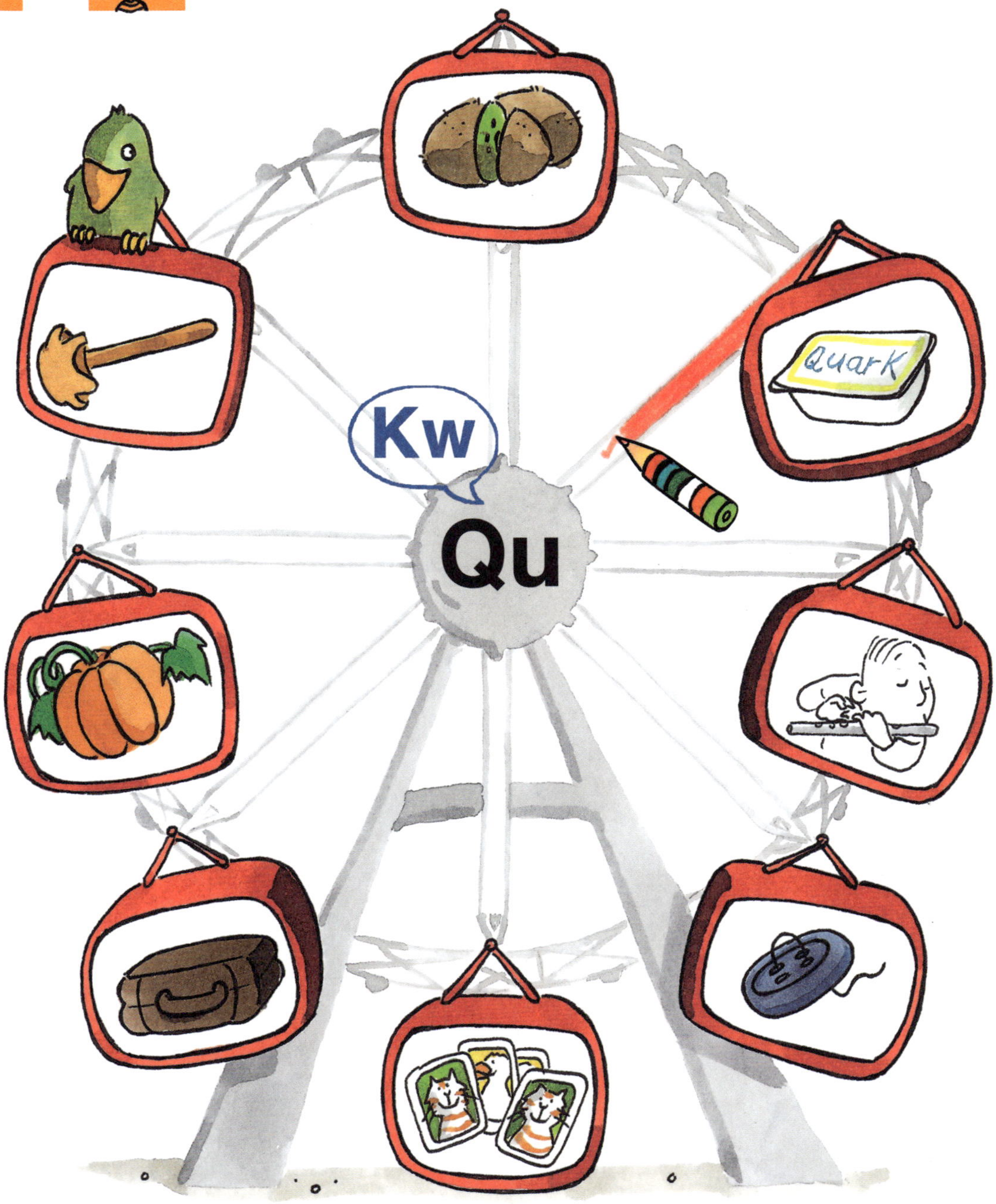

qu

bu bu bu qu

du qu qu pu

bu du

pu pu qu qu qu Pu qu

du

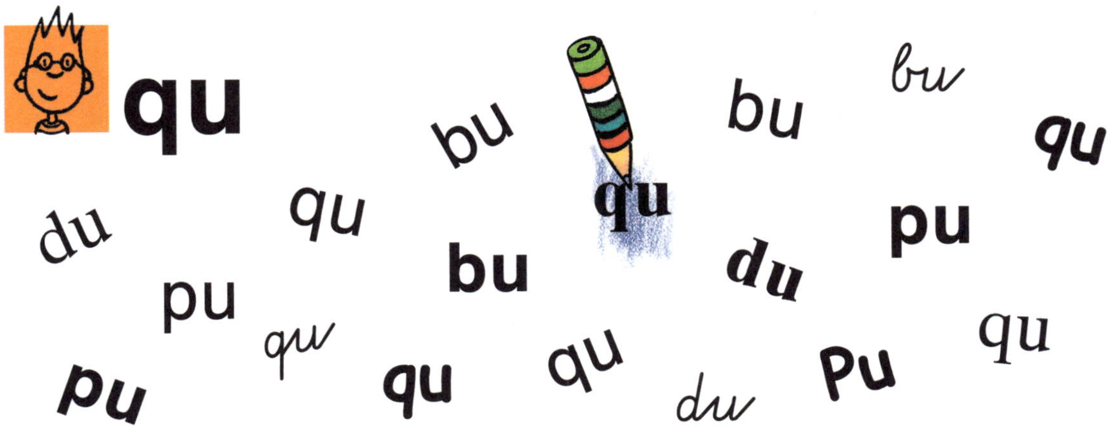

R r

Regen

Ratte

Rabe

Roboter

Rose

Ritter

Robbe

Rakete

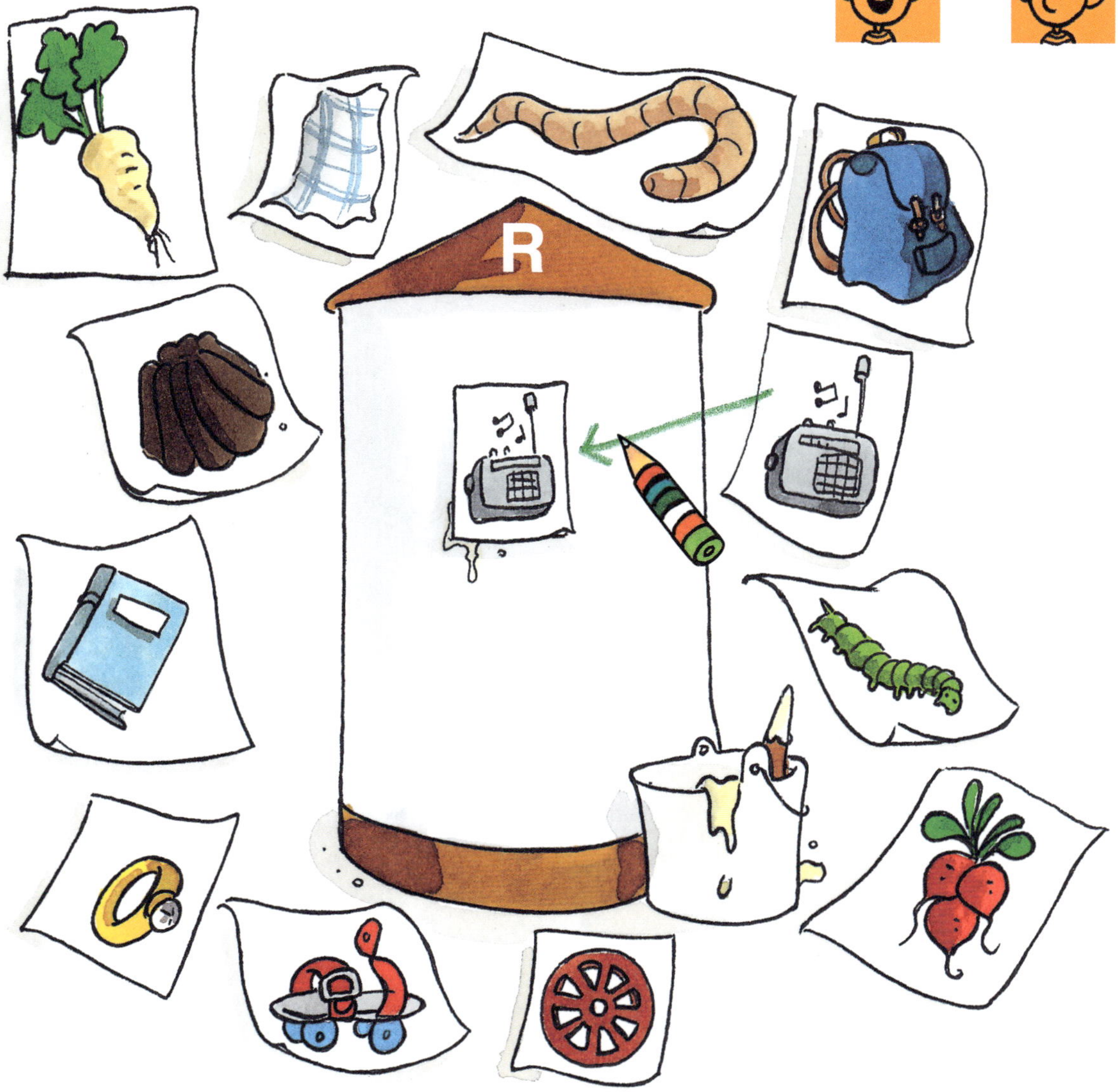

R

Rr

Die Rennmaus
Der schwarze Panther
Die riesengroße Rennmaschine
Der Ritter Raubein
Der rote Papagei

S s

Sonnenblumen

Sessel

Sofa

Sandale

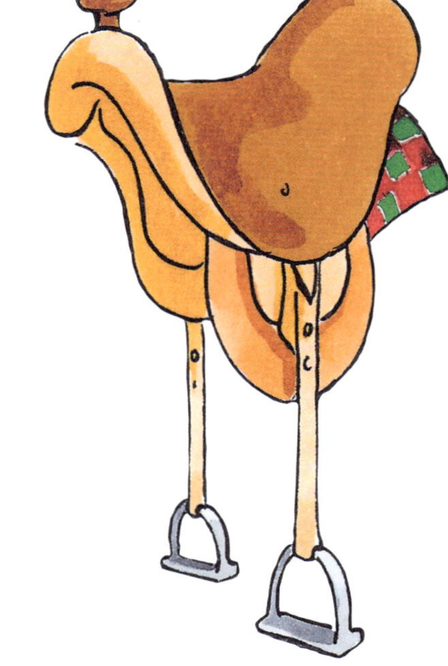
Sattel

Salat

Segel

Salami

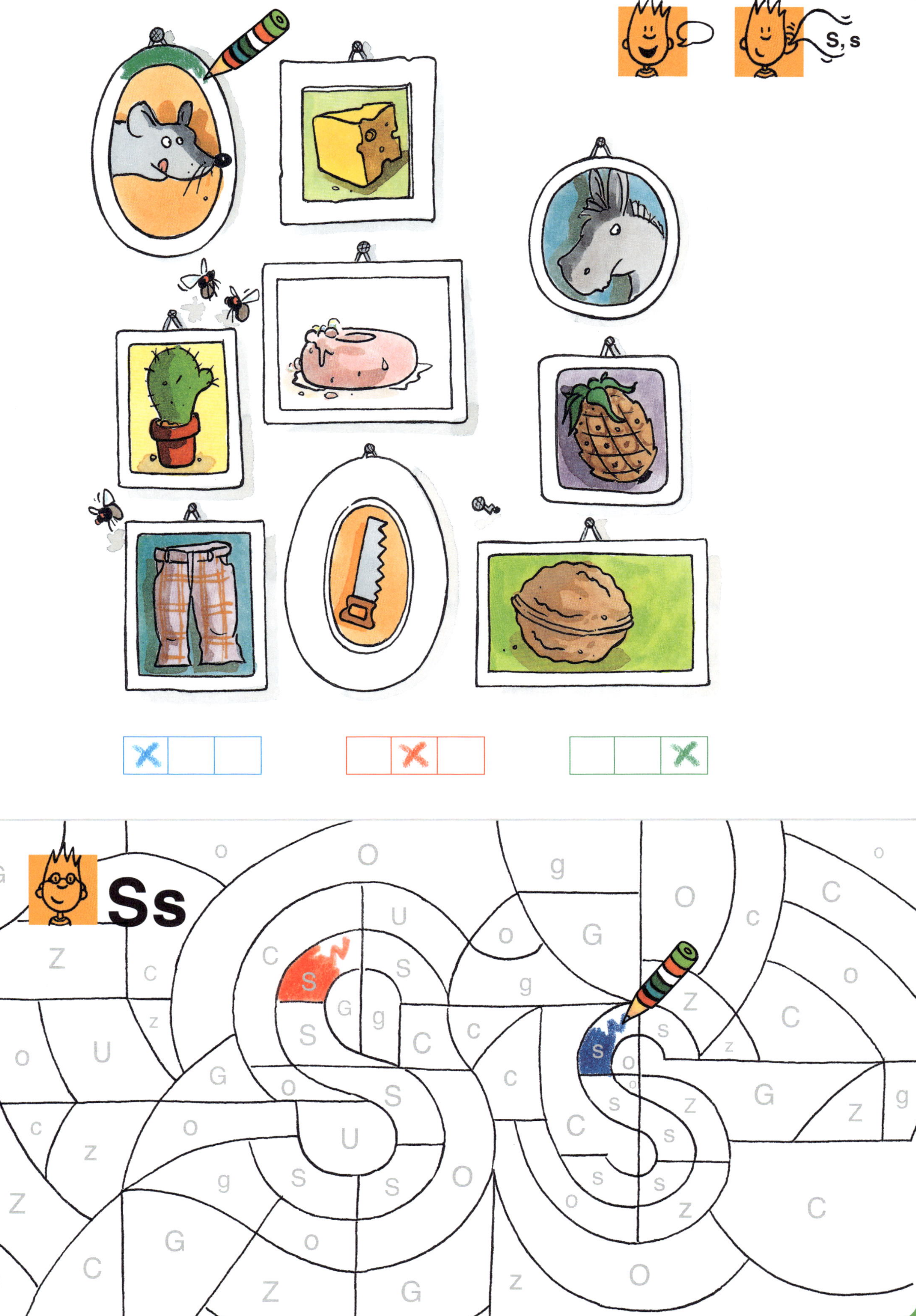
S, s
Ss

T t

Tisch

Tiger

Tafel

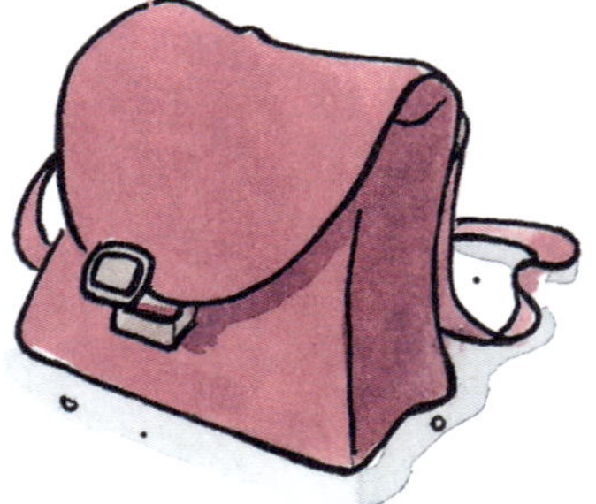

Tasche

Trompete

Tomaten

Telefon

T, D

T

D

T

T

Tt

Tom hat sich zwei wichtige Termine in seinen Taschenkalender eingetragen. Am Donnerstag, den 8. Januar hat seine Oma Geburtstag. Aber erst später wird in Trier gefeiert. Darauf freut sich Tom sehr, weil seine Oma die besten Kuchen backt. Schnell entschließt er sich, einen kurzen Geburtstagsbrief zu schreiben.

U u

Umschläge

Uhu

Ufo

Urwald

Urkunde

Uniform

Umzug

Uu

Im
Urwald
umkurven
lustige
Uhus bunte Ufos.

Villa

Vase

Vampir

Vogel

Vater

Vulkan

Verband

Veilchen

W

V

F

V

4

W w

Wagen

Wal

Welle

Wasser

Wanne

Wald

Windel

W, w

Ww

u v w

vwuvuwvuuvwvuwwuw
uvwvvwwuvwuvuvwu
wvuwwuvwvvwwu

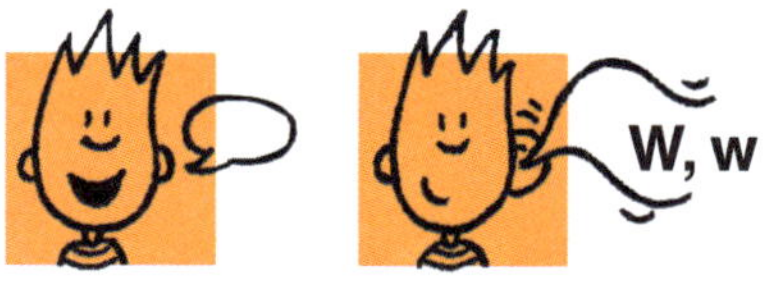

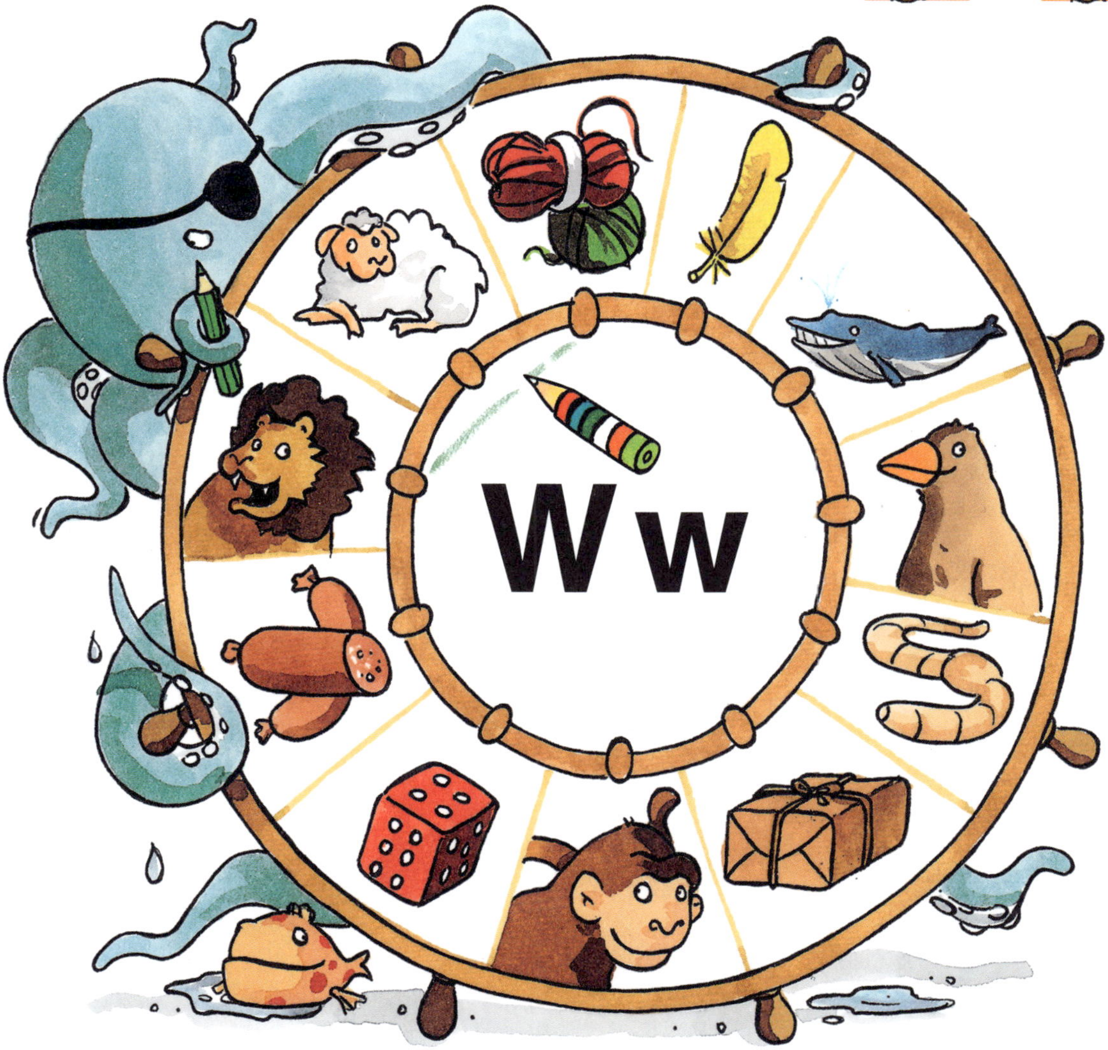

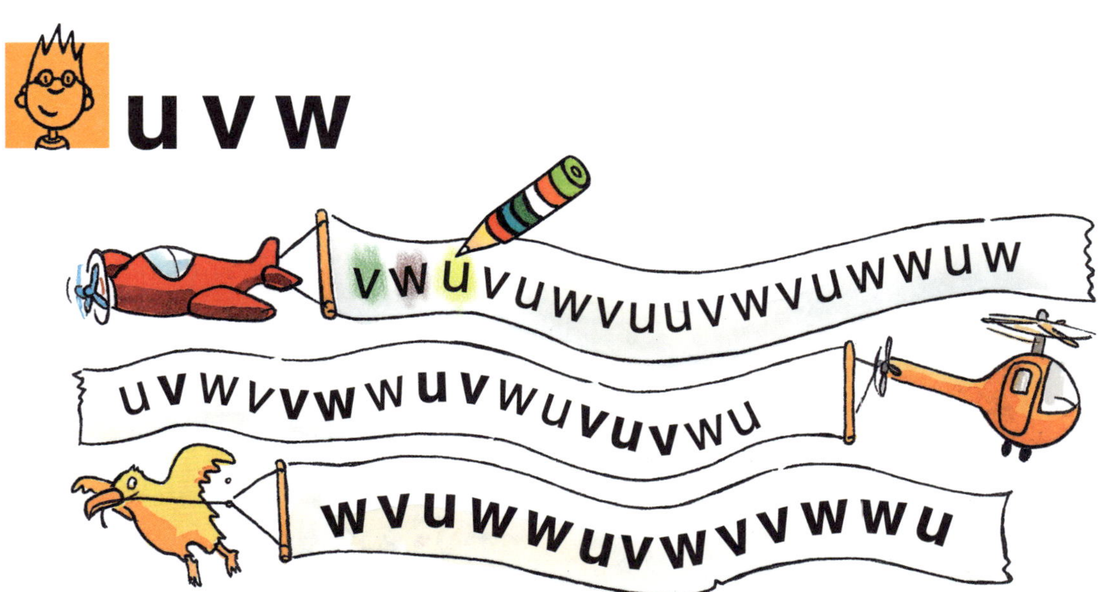

X x

Xylofon

Hexe

Nixe

Boxer

Y y

Teddy

Pony

Yucca

Pyramiden

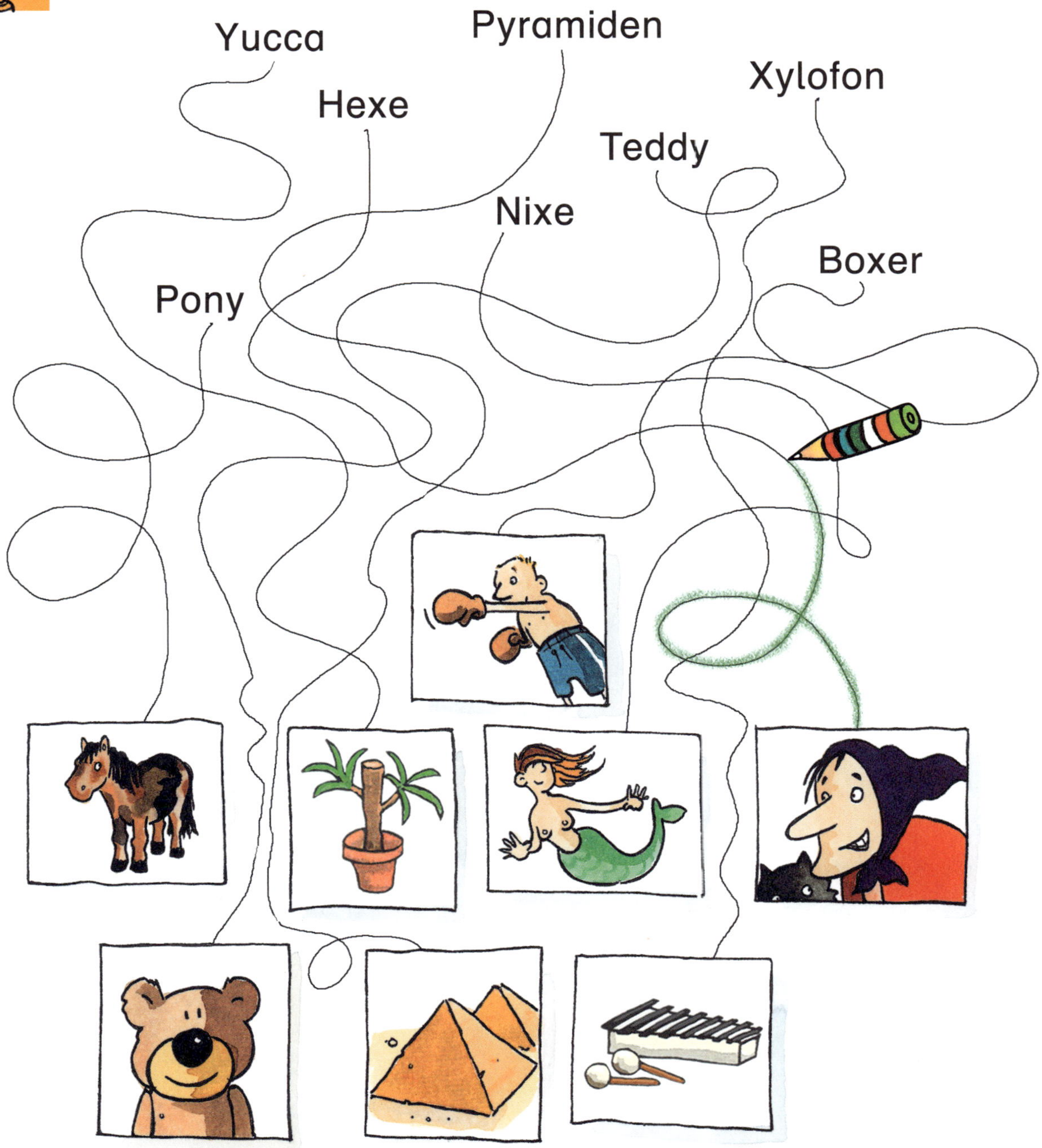

Yucca

Pyramiden

Hexe

Xylofon

Teddy

Nixe

Boxer

Pony

Labyrinth Hexenküche

Yucca Xylofon Teddy

Pyramide Hexentanz Hexenhaus

Dynamo Hexerei Hobby

Z z

Zauberer

Zwerg

Zaun

Zwillinge

Zelt

Zebra

Zirkus

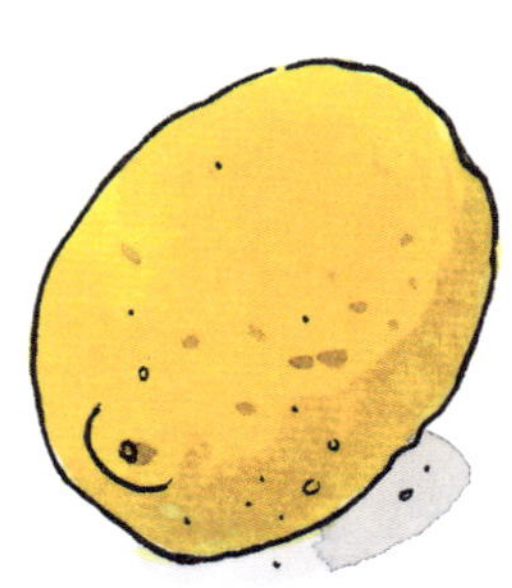

Zitrone

Zz

Zwischen

zwei

Zwetschgenbäumen

zwitschern

zwei Zeisige.

Sch sch

Schaf

Schal

Schlitten

Schokolade

Schwein

Schwan

Schlüssel

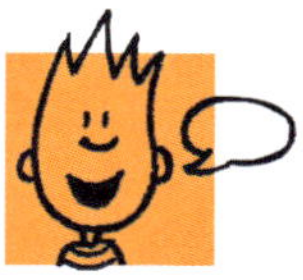

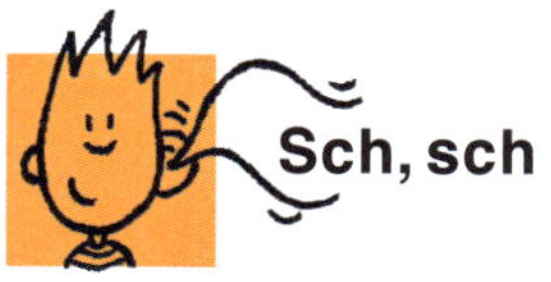

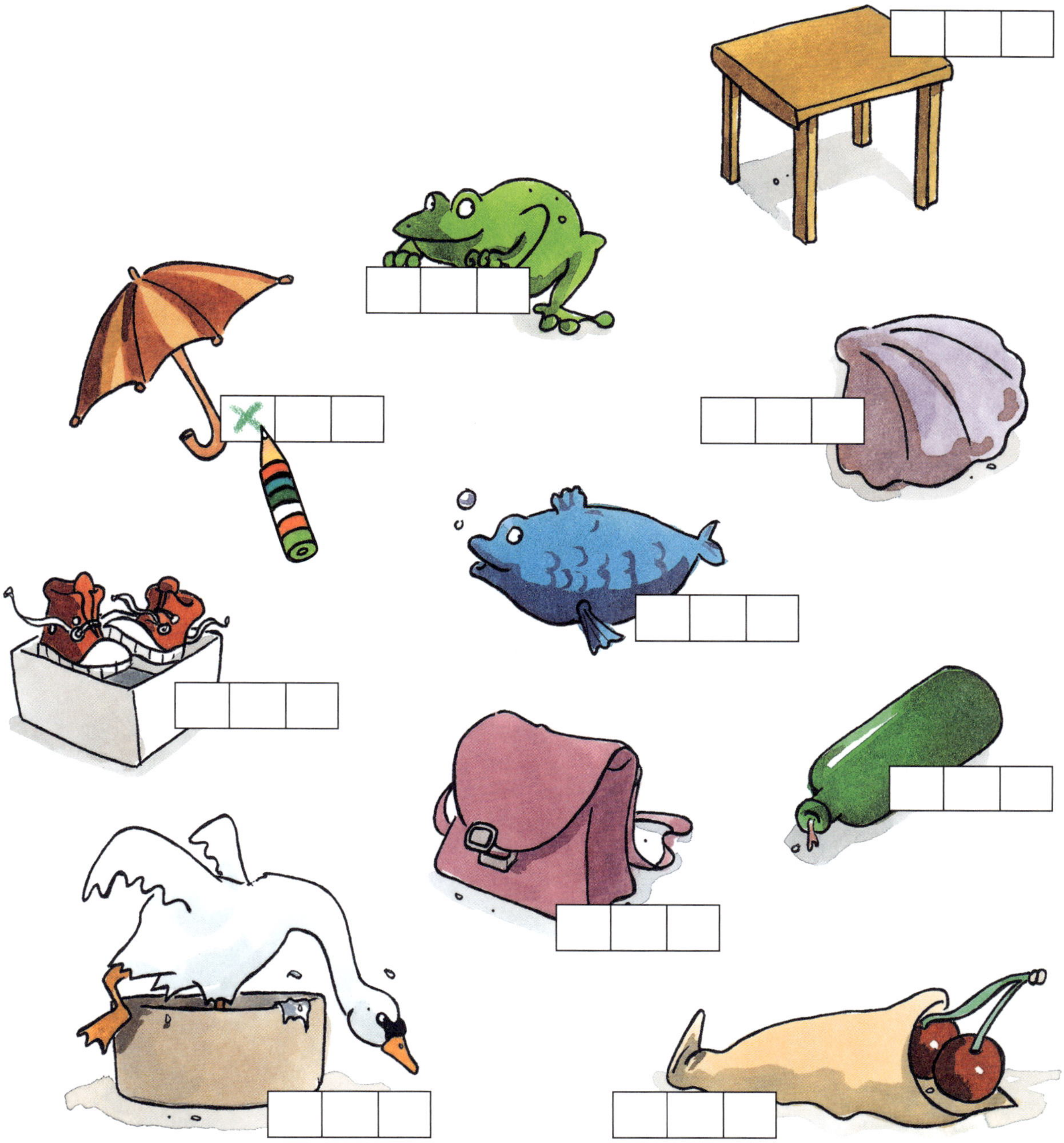

sch

sch hcs sch

sch

hcs sch

hsc sch sch

sch sch

sch chs sch sch chs

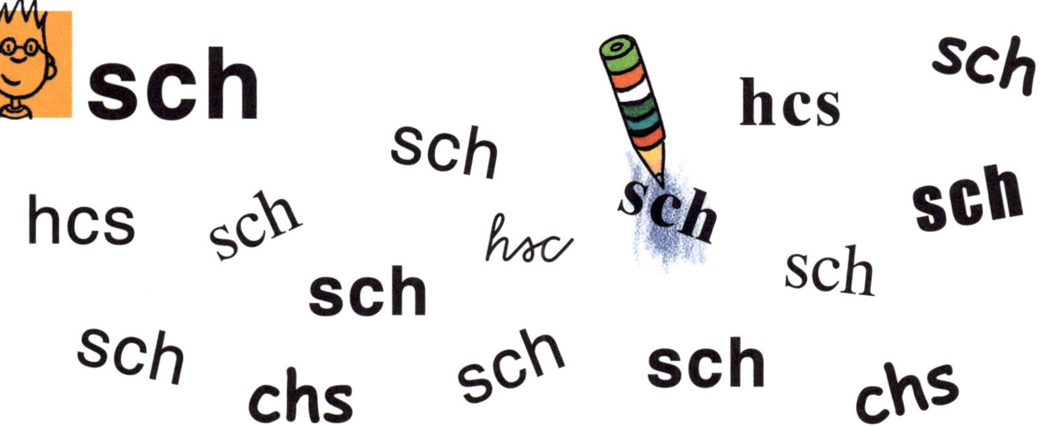

Sp sp

Spagat

Spaten

Spinat

Spinne

St st

Staffelei

Storch

Stein

Stift

Sp sp, St st

Gespenster spuken in Gespensterschlössern.
Spinnen spinnen Spinnennetze.
Störche stolzieren über den Steg.

Au au

Maulwurf

Maus

Auto

Zauberer

Ei ei

Leiter

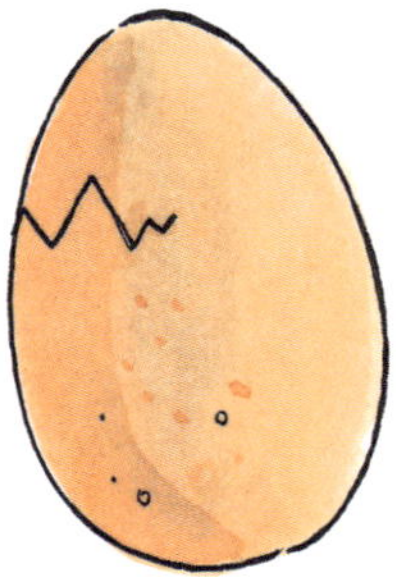

Ei

Meise

Eis

Au, au, Ei, ei

Eu eu

Beutel

Euro

Eulen

Freunde

Scheune

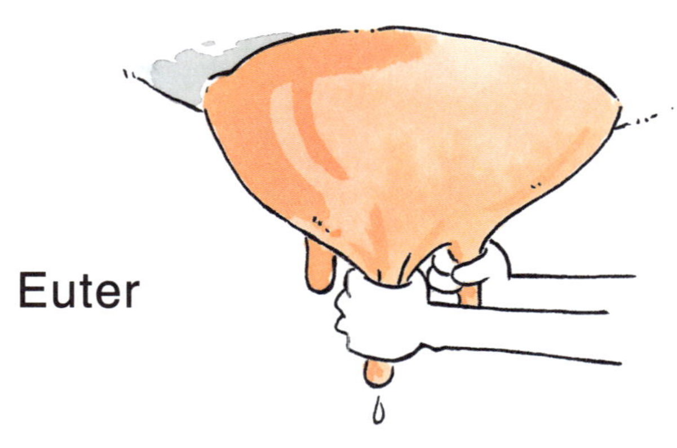

Euter

Heu

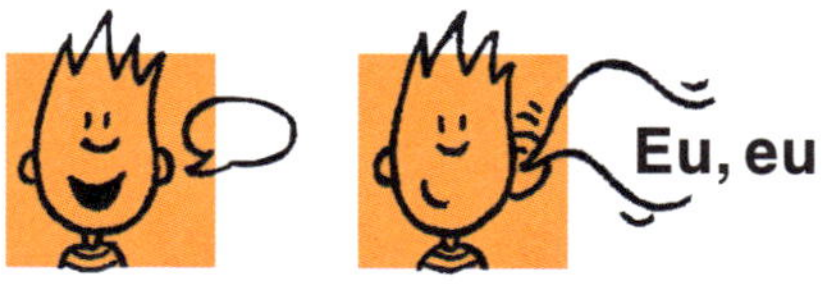

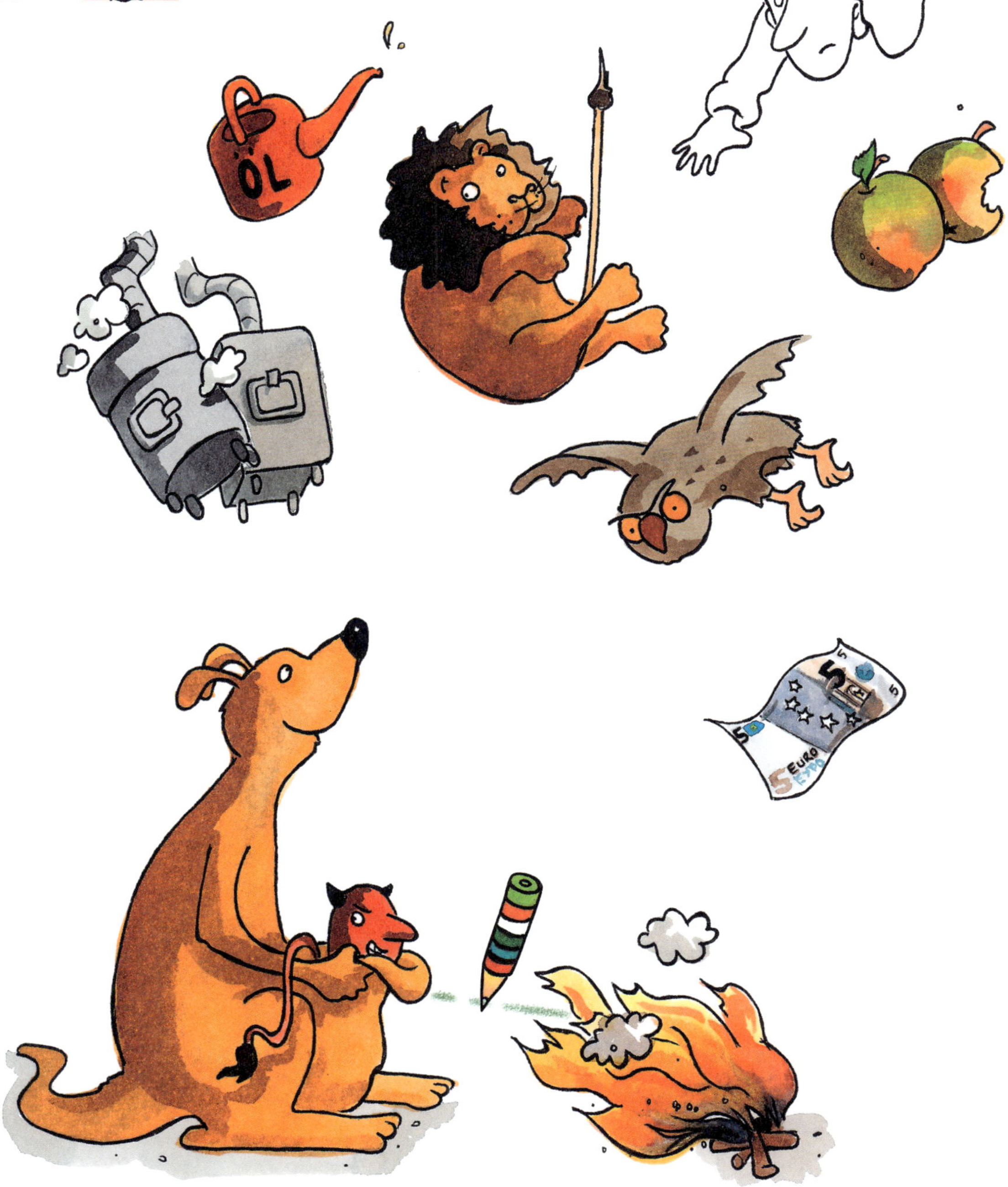

eu

eu neurueunerueuuuen
nueunurneenreunuue

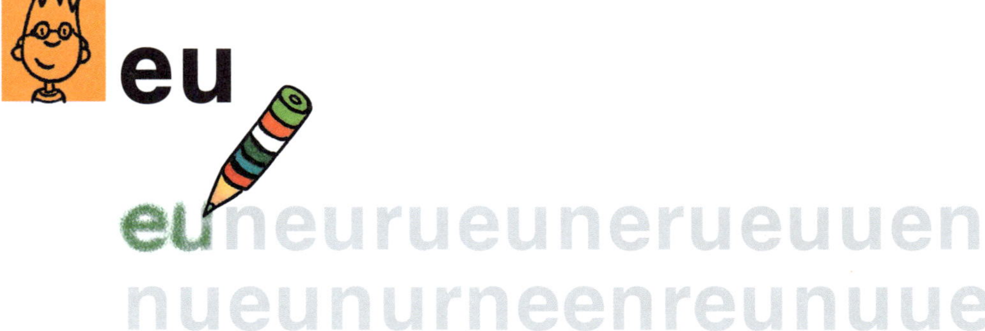

Ä ä

Käfer

Bär

Äpfel

Öfen

Könige

Ü ü

Überfall

Rübe

Start
ä, ö, ü
ä
ö
ü
Ziel

Aa
Bb
Cc
Gg
Hh
Ii
Jj
Nn
Oo
Pp
Uu
Vv
Ww

Dd
Ee
Ff
Kk
Ll
Mm
Qq
Rr
Ss
Tt
Xx
Yy
Zz

ABCD eine kleine Fee,
EFGH die ich neulich sah,
IJKL zauberte ganz schnell,
MNOP tief im grünen Sommerklee,
QRST ein weißes Kleid aus Glitzerschnee.
UVWX das Kleid, das taute fix,
Y und **Z** das fand die Fee nicht nett.

Wer schwimmt noch auf dieser Seite?

a b c d e f g h i j k l m n o p q r s t u v w x y z

A B C D E F G H I J K L M N O P Q R S T U V W X Y Z

Durch welche Buchstaben haben sich die Mäuse geknabbert?

Durch welche Buchstaben haben sich die Raupen gefressen?

a b c d

f g i

j l m n

o p

q r s

v w

x y

z

A B C D E F G H I J K L M N O P Q R S T U V W X Y Z

a b c d e f g h i j k l m n o p q r s t u v w x y z

Wie gehts weiter?

☒	**AB...**	**v**	☐
☒	**efg...**	**S**	☐
☐	**PQR...**	**h**	☒
☐	**ijkl...**	**C**	☒
☐	**MNO...**	**O**	☐
☐	**stu...**	**m**	☐
☐	**GHIJ...**	**P**	☐
☐	**LMN...**	**K**	☐

Welcher Ball gehört wohin?

A B C D E F G H I J K L M N O P Q R S T U V W X Y Z

a b c d e f g h i j k l m n o p q r s t u v w x y z

Was ist richtig?

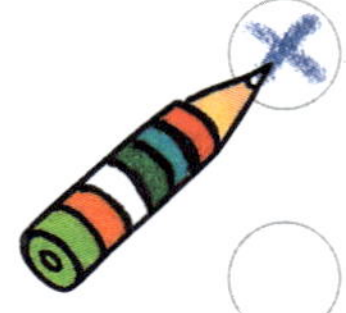

- [x] MNOP
- [ ] FGHI
- [ ] tvw
- [ ] stuvwo
- [ ] xzy
- [ ] ABCDF
- [ ] CDG
- [ ] JKLM
- [ ] qrst

Was ist richtig?

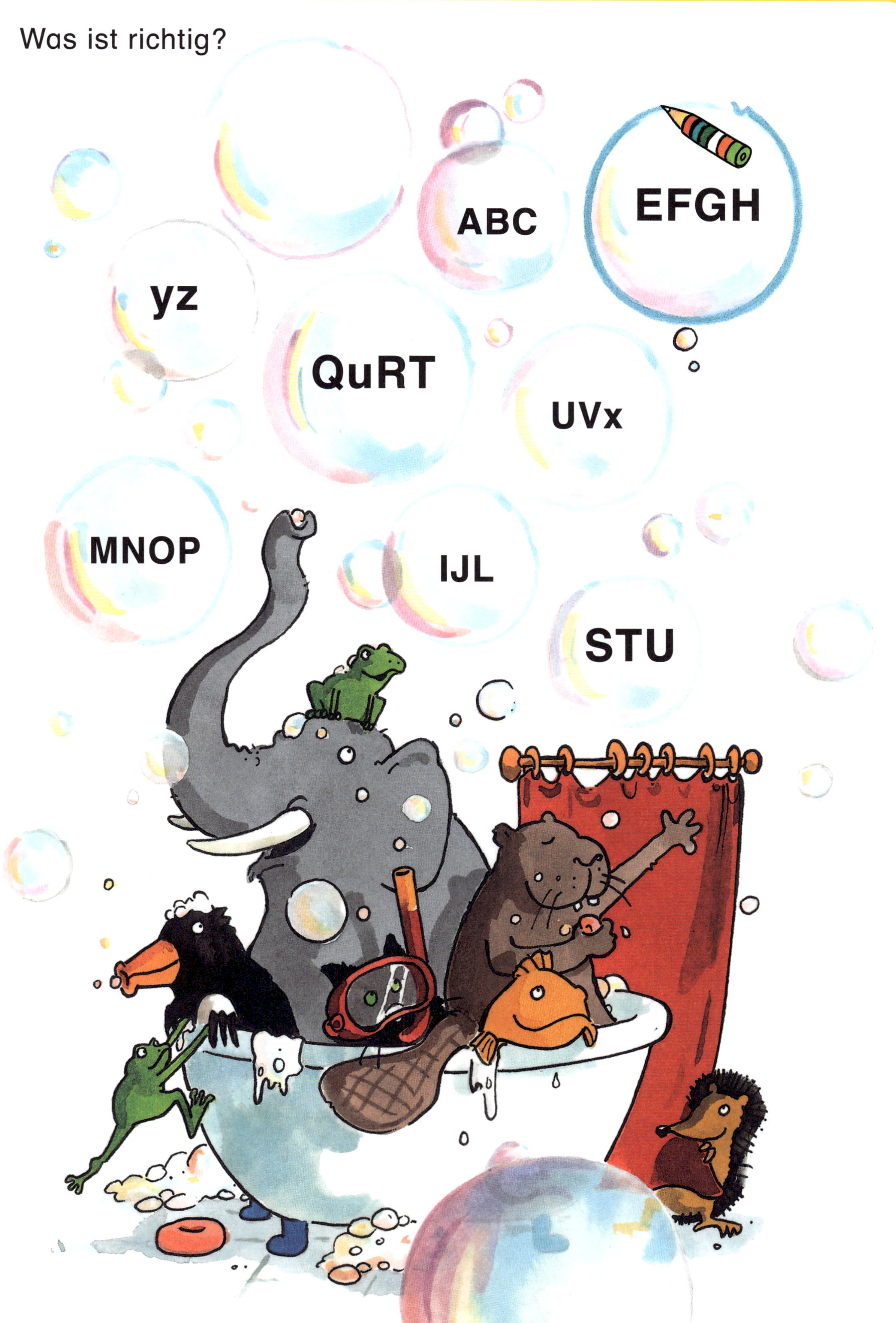

A B C D E F G H I J K L M N O P Q R S T U V W X Y Z

a b c d e f g h i j k l m n o p q r s t u v w x y z

Die Löwen stapeln Kisten nach dem Abc.

Welche Kiste gehört wohin? Welche fehlt?

XY

a b c d e f g h i j k l m n o p q r s t u v w x y z

Schlage die Wörter in der Wörterliste hinten nach. Auf welchen Seiten stehen sie?

Insel 86...	Qualle	Welle ....
Palme	Banane	Wolke ....
Affe	Pirat	Delfin ....
Fisch	Brille	Bikini ....
Melone	Zelt	Dose ....
Hose	Kaktus	Fotograf ...

Schlage die Wörter in der Wörterliste hinten nach. Auf welchen Seiten stehen sie?

Ball 82...	Gorilla	Hamster .....
Zebra	Robbe	Löwe ....
Elefant	Tiger	Nest ....
Eule	Fisch	
Esel	Kamel	
Giraffe		

a b c d e f g h i j k l m n o p q r s t u v w x y z

aber
der Affe
Afrika
alle
also
alt
am
die Ameise
die Ampel
die Amsel
an
die Ananas
der Anorak
der Apfel
die Äpfel
arbeiten
atmen
auf
aus
das Auto

das Baby
baden
die Banane
der Bär
der Ball
basteln
bauen
der Baum
beginnen
bei
beide
beleidigen
bellen
benutzen
der Besen
der Beutel
der Biber

der Bikini
bis
bitten
blasen
blau
böse
der Boxer
die Brille
brüllen
brummen
der Büffel
bunt

das Cabrio
das Camping
der Clown
die Cola
der Collie
der Comic
der Computer
die Currywurst

da
dabei
dafür
die Dame
damit
das
dein
der Delfin
das Deo
der
deshalb
dich
der Dino
dir
die Distel
doch
das Domino
die Dose
du
die Düne
duschen

a b c d e f g h i j k l m n o p q r s t u v w x y z

E

eben
egal
das Ei
eilen
ein
einfach
einladen
einmal
einsam
das Eis
der Elefant
der Elfmeter
die Eltern
die Ente
der Erfinder
der Esel
der Eskimo

etwas
die Eule
der Euro
das Euter

F

die Fabrik
fallen
falsch
falten
fassen
faul
finden
der Fisch
fischen
fit
die Fledermaus
die Flöte
der Fotograf
fragen
frei

der Freund
frisch
der Frosch
der Füller
fünf

geben
gegen
geheim
gehen
gehören
die Geige
gemein
genau
gerade
gewinnen
das Gewitter

die Giraffe
die Girlande
der Gorilla
die Grille
die Grimasse
die Gurke
gut

haben
halten
Hammer
der Hampelmann
der Hamster
der Hase
das Haus
heimlich
das Heu
heulen
heute
die Hexe
hinauf

A B C D E F G H I J K L M N O P Q R S T U V W X Y Z

hinaus
hinein
hinten
hinter
hoffen
holen
hören
die Hose
die Hummel
hupen
husten
der Hut

der ICE
der Igel
der Iglu
der Iltis
im
der Imker
immer
in
der Indianer
ins
die Insel
ist

ja
jagen
jammern
jeder
das Jo-Jo
jubeln
das Jubiläum
das Judo
der Junge
der Juni
die Juwelen

der Käfer
der Kaktus
kalt
das Kamel
die Kartoffel
der Kasper
der Kater
kauen
kaufen
kaum
kein
kennen
kichern
die Kiste
kitzeln
klappern
kleben
klein
das Klo
knallen
kneten
kochen
komisch
kommen
der König
können
kosten
kuscheln
küssen

laden
das Lama
die Lampe
landen
lassen
die Laterne
laufen
laut

A B C D E F G H I J K L M N O P Q R S T U V W X Y Z

leben
legen
leicht
leise
die Leiter
lesen
die Libelle
lila
loben
logisch

die Lok
los
lösen
der Löwe
lügen
die Lupe

malen
man
der Mantel
die Marionette
die Maske
der Maulwurf
die Maus
mein
die Meise
die Melone
mich
minus
mischen
mögen
müde
die Murmel
die Muschel
müssen
die Mütze

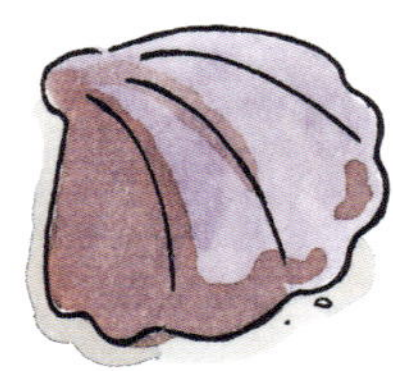

die Nadel
nagen
die Nase
das Nashorn
neben
neidisch
nein
die Nelke
nennen
das Nest
neu
neun
nicht
nisten
die Nixe

noch
normal
die Note
die Nudel
nun
nur
die Nuss
die Nüsse

die Oase
oben
oder
der Ofen
die Öfen
offen
oft
die Oma
der Opa
der Orden
das Osterei
der Osterhase

das Paket
die Palme
passen
peinlich
der Pelikan
pfeifen
pflegen
der Pinsel
der Pirat
planen
der Planet
plappern
platzen
pleite

plus
der Pokal
das Pony
pressen
proben
prügeln
der Pudel
pumpen
pusten
die Pyramide

das Quadrat
quaken
die Qualle
der Qualm
der Quatsch
quatschen
die Quelle
die Quitte

R

der Rabe
die Rakete
rascheln
rasen
raten
die Ratte
rattern
rau
rauben
rauf
raus
rauschen
reden
der Regen
reiben
reich
reif
reimen
rein
reisen
reiten
der Ritter
die Robbe
der Roboter
rodeln
rosa
die Rose
rosten
rot
rubbeln
die Rübe
rüber
runter
rutschen
rütteln

S

sagen
sägen
die Salami
der Salat
sammeln

die Sandale
der Sattel
sauer
saugen
sausen
schade
das Schaf
schaffen
der Schal
schalten
schauen
schaukeln
scheinen
die Scheune
schlafen
schlagen
schlau
schleichen
der Schlitten
der Schlüssel
schmal
schmatzen
schmusen
schnappen
schneiden
schnitzen
die Schokolade
schon
schön
schreiben
schütten
der Schwan
schweben
das Schwein
schwimmen
schwören
das Segel
segeln
sehen

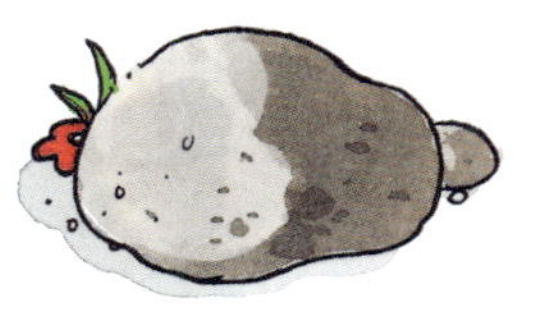

sein
seit
selten
der Sessel
setzen
sich
so
das Sofa
sofort
die Sonnenblume
sonst
der Spagat

spannen
sparen
der Spaten
der Spinat

die Spinne
spinnen
springen
die Spritze
spritzen
sprühen
spülen
spüren
die Staffelei
staunen
stehen
steif
steigen
steil
der Stein
stellen
der Stift
stolpern
stopfen
stoppen
der Storch
streichen
streiten

a b c d e f g h i j k l m n o p q r s t u v w x y z

stur
suchen
summen
super
surren

T

die Tafel
tanken
tanzen
tappen
die Tasche
tasten
der Taucher
taufen
tauschen
das Taxi
der Teddy
teilen
das Telefon
der Tiger
tippen
der Tisch
toben
tollen
die Tomate
tot
total
tragen
treten
treu
die Trompete
tropfen
trösten
tun
die Tür

U

üben
über
der Überfall
das Ufo

der Uhu
um
der Umschlag
der Umzug
die Uniform
uns
unten
unter
die Urkunde
der Urwald

V

der Vampir
die Vase
der Vater
das Veilchen
der Verband
die Villa
der Vogel
von
vor
voraus
vorne
der Vulkan

wach
der Wagen
der Wal
der Wald
wandern
die Wanne
warnen
warten
warum
was
waschen
das Wasser
wegen

weich
weil
weinen
weit
die Welle
wem
wen
wer
die Windel
wir
die Wolke
wünschen

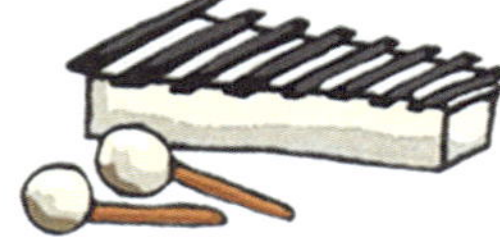

das Xylofon

das Yoga
die Yucca

der Zauberer
zaubern
der Zaun
das Zebra
zeichnen
zeigen
das Zelt
der Zirkus
die Zitrone
zittern
zu
zum
zwei
der Zwerg
die Zwillinge
zwischen
zwölf

a b c d e f g h i j k l m n o p q r s t u v w x y z